굿모닝 강아지풀

굿모닝 강아지풀

한희정 시집

동학사

■ 시인의 말

숲길 걷기, 반쯤이나 왔을까. 발걸음이 무겁기 시작하더니 급기야 속도가 처지면서 발가락이 아프기 시작한다. 어쩌나! 돌아가기엔 이미 멀리 와 버렸고 끝까지 가기엔 힘이 너무 부칠 것 같다. 발은 걷고 있지만 젖은 솜뭉치마냥 무거운 몸은 마음까지 아득하게 만든다. 군데군데 핀 참꽃이 어서 오라며 살갑게 반기고, 가로로 걸쳐진 냇가에 작은 웅덩이는 물을 받아 놓고 쉬어 가란다.

오지랖 넓은 활엽수 섞인 잡목 숲이 끝나고 다시 쭉쭉 뻗은 삼나무와 편백나무 길이 이어진다. 저들 침엽수의 기세라면 하늘까지 닿고도 남을 것 같다. 어느새 오늘 목적지 '사려니 오름' 앞에 왔다.

굽이굽이 길을 걸어 그간 써온 시편들을 추스르고 보니 지나온 시간들이 알싸하게 스쳐간다. 시인이라는 이름에 맞추려 애를 쓸수록 갈증은 더했다. 주저앉고 싶을 때도 있었다. 그러나 한 발자국 또 한 발자국……. 잠시 쉼터가 되어주는 옹달샘과 나무등걸이 나를 일어나 걷게 하였다. 마침내 나의 여정의 첫 도착지에 『굿모닝 강아지풀』이라는 향긋

한 나무 팻말 하나를 걸어둔다.

부끄럽지만 솔직히 기쁘다. 그동안 격려를 아끼지 않던 문우들에게 우선 고마움을 전하고 싶다. 묵묵히 나를 지켜봐 주신 양쪽 부모님 그리고 나의 첫 독자였던 남편과 아이들을 생각하니 눈시울이 뜨거워진다. 차라리 꽃다발을 준비하고 저들에게 내가 먼저 감사해야 할 것 같다. 비 갠 하늘, 저녁노을이 무척이나 곱다.

2009년 8월

한희정

굿모닝 강아지풀_ 한희정 시집

| 차례 |

■ 시인의 말 4
■ 작품 해설 93

1. 아침꽃 기침소리

개화 11
첫눈 12
낙화의 의미 14
입춘녘 새댁의 창에 16
보길도의 아침산책 17
우기의 무화과나무 18
봄비 20
입추 여정 21
절밥 한손 24
만추의 강에 와서 26
도시의 가을 한 잎 28
가을 운문사 29
법 없는 세상에선 30
폭설의 아침 31
산성의 겨울 32

2. 꽃이 저만 푸르다

동백꽃 서설 35
맨드라미 이름으로 36
수국 한철 37
별도봉 봄까치꽃 38
아침 한때 40
꽃치자 41
순비기꽃 42
상사화 43
꽃향유 44
메꽃 45
협죽도 46
인동꽃 47
겨울 쑥부쟁이 48
물매화처럼 50

3. 가랑비의 발소리로

이브의 화장법 53
팔월 아침 54
일몰의 노래 56
굿모닝 강아지풀 57
수녀원 편지 58
불탑사 진달래꽃 60
겨울꽃 61
씨줄과 날줄 사이 62
노을이 지면 64
읽다 만 책갈피에 66
띠 동갑 분꽃에게 67
개망초 피는 길에 68
주행일지 69

4. 길 하나를 준비했네

아버지의 그네 73
산이 내게 오고 있다 74
이삿짐을 꾸리다가 76
할머니의 실꾸러미 77
별처럼 전설처럼 78
사월이면 아리다 79
알뜨르 엉겅퀴꽃 80
팽나무 운다 81
안개가 걷히면서 82
서귀포 이야기 1 83
서귀포 이야기 2 84
서귀포 이야기 3 85
서귀포 이야기 4 86
서귀포 이야기 5 87
서귀포 이야기 6 88
서귀포 이야기 7 89
서귀포 이야기 8 90
서귀포 이야기 9 91

1

아침꽃 기침소리

_개화

_첫눈

_낙화의 의미

_입춘녘 새댁의 창에

_보길도의 아침산책

_우기의 무화과나무

_봄비

_입추 여정

_절밥 한손

_만추의 강에 와서

_도시의 가을 한 잎

_가을 운문사

_법 없는 세상에선

_폭설의 아침

_산성의 겨울

개화

오름을 핥고 온 봄볕 혓바닥이

잿빛 침묵 같은 골목골목을 지나

해빙기 목련가지에 솜털들을 깨운다

고3엄마 마음고생 나무들도 알았을까

밤새워 연필에 눌린 내 아이의 중지처럼

발갛게 동상을 견딘 가지들이 또 밟혀

새별오름 들불축제 아껴둔 폭죽소리

겨울 넘긴 가지가지 삼 년 참은 폭죽소리

어머나! 요 하얀 입술 늦잠에도 반갑다.

첫눈

새처럼 발소리 죽이며
새벽녘에 당도한 자

어느 발목 시린
노숙의 밤을 넘기고

저토록 눈부신 산이
내게 한발 다가와

늦잠결 아름 가득
안겨 받은 꽃다발처럼

처음 보는 사람 앞에
쏟아 부은 넋두리처럼

빙점에 피워 올리는
복수초의 안간힘처럼

무수히 침엽에 찔린
너와 나 상처를 덮고

문 앞에 쌓인 눈만큼
면죄부를 받아낸

뒤따라 내려온 아침이
초인종을 누른다.

낙화의 의미

하르르 황사바람
꽃잎들 서둘러 지고

도심지 밤꽃길이
불빛 따라 휘청이고

시원히 덧니가 예쁜 목련꽃이 따라 지고

올 때도 저들끼리
갈 때도 저들끼리

헛딛는 발길에도
밟혀 아픈 이름처럼

제 몫도 챙기지 못하는 꽃잎들이 슬프다.

세상에 슬픔 주고
슬픔 위에 꽃을 피우는

뽀얀 꽃길 위에
피운 만큼 거두는 사월

딱 한 번 세상에 와서 눈물지듯 떨군다.

입춘녘 새댁의 창에

몸 붉힌 가지 끝에 물방울 서넛 두고

오선지 소실점의 수묵 빛 가로를 따라

낮은 굽 뒤뚱거리며 또 한철 겨울이 가.

초침 같은 낙수소리 입춘녘을 다 깨운다.

아침형 하늘 가까이 실 꾸러미 풀리면서

조급한 매화송이에 연살구색 피가 돌고

꿈을 꾸고 산다는 건 행복한 일인 거야

산달에 못 미칠까 조심조심 소릴 낮추던

길 건너 새댁의 창엔 하현달이 아직 밝다.

보길도의 아침산책

다도해 오월바다 밀물쯤의 수반 같다.
선비의 무릎 아래 밤 새워 먹을 굴리던
예송리 주근깨투성이 자갈들이 모두 깨고……

섬과 섬 사이로 끊겼다 이어지는
갓 스물 눈매 같은 연초록 능선 너머
부용동 낮게 핀 꽃들도 성인식을 치르겠지.

이쯤에서 다도해의 징검돌을 놓을까봐
봄 내내 뜬눈으로 제주해협을 바라보던
격자봉 푸른 능선이 아침 해에 빛난다.

나무도 나이가 들면 제 주장을 낮추나 봐
모녀의 새벽산책을 조심스레 지켜보던
세연정 적송그루가 먼저 허릴 굽힌다.

우기의 무화과나무

해마다 찾아와서
정인情人 하나를 숨겨 놓듯

견우의 발소리도
저 빗소릴 닮았을까

요맘때 초록저고리
직녀 볼을 키우며

하늘도 사랑이라면
못들은 척 눈을 감네

밤새 지치도록
내 창문을 흔드는 이

뒤뜰의 무화과나무
앞치마가 수줍어

햇볕이며 바람이며
간절한 빗소리까지

한 톨의 열매를 향해
기도처럼 모았던 아침

내 벽의 푸른곰팡이
그도 단맛 열매였네.

봄비

— 추기경님 선종에 부쳐

한 사흘 묵도하듯
온 나라를 적시네

큰 자취 발소리 낮춰
큰 사랑을 내리시네

산들도 미사보 쓰고
마을까지 내리시네.

입추 여정

1
여름내 짝사랑 앓던
해바라기 속내처럼

평지에 멀쩡한 발길이
가끔 비틀거리고

핸드백 뒤섞인 행장에
손거울을 꺼내는

2

열대야 하얗게 설친
도시의 길을 지나

납량특집 탈을 쓰고
창을 기웃거리다가

아파트 외벽을 식히는
열아흐레 하현
한
쪽

3
내 친구 핸드폰의
새로 바뀐 벨소리에

그새 깜박했던
우리 순종 강아지풀

건망증 내 시첩에서
초록꼬릴 흔든다.

절밥 한손

1
행자승 무릎 앞에
절밥처럼
내리는 가을

마디 짧은 고산식물
삼천배의 기복 끝에

방울진 산열매 한 알
손바닥에 받아든다.

2
단식이 오랠수록
번뇌 한참
깊다시는

큰스님 말씀에도
눈썹 하나 까딱 않던

바위도 법의를 두르고
절밥 한 손 받아든다.

만추의 강에 와서

몸 낮춘 그이 앞에선
비치는 게 다 붉더라.

까치밥 조약돌이
대추보다 더 붉고

십일월 짓무른 열매가
발아래 와 밟히던 날,

중년의 사념처럼
투정이며 파문이었을

한없이 가라앉은
만추의 강을 보네

그 강에 적벽을 식히는
또 하나의 산을 보네

나는 또 한 무리의
양떼 틈에 끼어들어

노을 곱게 내리는
무풍지대 강가로 와서

조용히 자리를 펴는
갈대숲을 보고 있었네.

도시의 가을 한 잎

물든 담쟁이 손이 보도블록에 떨어져 있네. 줄줄이 압핀에 눌려 고통의 벽을 넘던 만년의 혈소판 같은 가을 한 잎 떨어져 있네.

맞은편 창틀마다 소국 분盆 내건 걸 보면, 이맘 땐 빌딩조차 단풍 들고 싶은가 봐 여름내 무력증 앓던 도시 속의 사람들처럼.

뒤돌아 나부끼는 계절 끝 하얀 손들. 작별을 예감하는 단문형 메시지 따라

난감한 내 심중에도 가을 한 잎 타고 있었네.

가을 운문사

제 속 다 보이고도 부끄러울 것이 없네
만산홍엽 내달리는 가지산 끝자락에
비구니 늙은 웃음 같은 반시감이 달렸네.

몇 밤을 아팠을까 까맣게 탄 홍엽이며
바람이 휘젓다 만 산자락 잉걸불이며
단숨에 산을 내려와 내 속 다시 뒤집던,

아! 저리 홀가분히 떠나는 자의 모습
선방 앞뜰 은행나무 동안거에 홀로 드는
선승의 독경소리가 처마 끝에 머물러.

간절했던 자국 따라 돌계단도 다 닳았네.
산 오르는 숨소리에 만추낙엽 타는 냄새
사리암 합장한 손이 단풍보다 뜨겁다.

법 없는 세상에서

하얀 길 하얀 세상 발 내딛기 부끄럽다.
오름들 목덜미가 조선 여인 닮은 아침
총총히 맨발로 떠난
짐승들이
그리워.

땅속에 뽀득뽀득 촉수 여는 겨울 소리
나이테 겹쳐 오는 세상귀가 열리면서
수목도 겨울열매만한
비명소릴
지를 거야.

법 없는 세상에는 발자국도 저럴 거다.
추워도 순리를 따르는 먼 설국의 눈밭을 지나
하얗게 내게로 오는
발자국이
반갑다.

폭설의 아침

한 사흘 걸러도 좋을
밥 한 사발
두고
왔다

“눈 오면 외로워 좋다”
내 마음
아시는
이

은발의 겨울 산 하나가
창밖에서
웃어요.

신성의 겨울

하얀 솔잎 위에 다붓다붓 눈이 쌓이면
하릴없는 바람처럼 반나절만 쉬었다 갈까
병자년 혹독한 겨울 언 손들을 녹이며,

새벽 침소에다 늙은 승지를 불러 세워
"과인의 부덕을 만고천하에 고하리라"
인조의 눈물 뿌리듯 진눈깨비 내린다.

죽어서 아름답고 살아서 부끄러운
척화파 따라 질까, 주화파 대열에 낄까
땅 위로 뻗은 길들이 하늘처럼 뿌옇던,

어찌 세상일을 말과 글로 다 읽을까
충정의 상소들도 겨울 내내 분분했을
사백 년 침묵의 성에 흰 눈썹이 날린다.

2

꽃이 저만 푸르다

_동백꽃 서설
_맨드라미 이름으로
_수국 한철
_별도봉 봄까치꽃
_아침 한때
_꽃치자
_순비기꽃
_상사화
_꽃향유
_메꽃
_협죽도
_인동꽃
_겨울 쑥부쟁이
_물매화처럼

동백꽃 서설序說

견디기 힘들어도 참는 만큼 하루가 붉다
손을 내밀수록 더 허기진 겨울 볕에
수줍게 볼을 비비며 말문을 여는 저녁.

바람, 제주바람 숨긴 칼이 더 푸르다
눈 오면 눈밭에다 오장육부 쏟으시던
아버지 겨울나기도 저 꽃처럼 붉었을까

잠이 깊을수록 우리 꿈이 생시로 오듯
아픔이 깊을수록 봉오리에 힘을 모으는
저 혼자 아껴온 불씨, 꽃 한 송이 내민다.

맨드라미 이름으로

만 리 길 코를 놓아
털목도리 짜 주시던

그때도 천일야화
날 새는 줄 몰랐다

어머니 그 이름만한
사랑 다시
엮으며,

알라딘 램프 들고
그 자리에 다시 왔네

달빛에 반짝이는
천국 같은 어린 날들

붉도록 가을이야기
설화 다시
엮으며……

수국 한철

우울한 날일수록
산비탈 꽃들은 밝다.

눅눅한 십구공탄
불쏘시개 지피다 말고

장맛비 유월 들녘이
우산 들고 다가와

올 따라 크고 작은
입소문이 무성했다.

정작 낮빛으로만
앓던 밤을 짐작했는지

파랗게 몸을 낮추는
동자승도 보인다.

별도봉 봄까치꽃

낮아서 만만한 자리
다리 오므리고 앉아

겨우내 덮고 자던 담요 그냥 걸친 채

양지녘 봄까치꽃이
까치눈을 비빈다.

꽃에다 슬픔을 덮는
그대 눈물은 짜디짜다.

어둠을 가로질러 온 익명의 화살을 맞고

바위들 숭숭한 면상이
해조음에 묻히고,

별도봉 벼랑에서
자살을 꿈꾸던 꽃들,

초롱초롱 바위틈에서 문득 생각을 바꿨는지

어젯밤 투신한 별들의
푸른 속옷을 말린다.

아침 한때

꽃들도 긴장한다,
가파른 고유가시대

상한가 고공행진이
지주목을
휘감는 아침

알전등 깜빡거리네,
나팔꽃이
피었네.

꽃치자

헤집던 엄마 젖가슴
이제 알 것
같아요

눈 감고 입을 다물면
그 향기가
쉽네요

미풍에 몸살을 앓던
유월 밤이
아파요.

순비기꽃

물속에 감췄을까

바위틈에 숨겼을까

눈칫밥 육십 년에

사실진담을 망설이듯

아낙네

혼잣말처럼

자갈밭을 더듬네.

상사화

그땐 벼랑길도
함께 갈 수 있다 그랬지

비구니 승방 앞뜰에
화두처럼
다가온
너

잎 두고 저만 피어서
어떡하잔
말이냐.

꽃향유

산중턱 일렁일렁
가을이 흔들며
오네

단풍 산 새털구름
친구 떠난
길을
두고

넌지시 바람에 눕네,
지등 가만
밝히네.

메꽃

미국 대통령이
우리나라에
오던 날

반바지 꼬마 녀석이
종이컵을 팽개치고

분홍빛 아침을 치며
시위 피켓을
치켜든다.

협죽도

이쯤에서 이별이라니
이쯤에서 이별이라니,

연일 불볕더위 공항길이 낫술에 타고

끝끝내 독설을 참으며
꽃이 떼로
붉어라.

인동꽃

신세대
꽃 시위 앞엔
하늘도 목이 타는지

꽃 속에 주둥일 박고
단물 쪽쪽 빠는 햇살

열여섯 곱슬머리가
초록 담장
허문다.

겨울 쑥부쟁이

주춤 말을 걸까
그냥 가는 하루가 밉다

쪽박 세상 인심
울상 한 번 짓지 않는

해녀의 막내딸처럼 바다 향해 피었다.

손 꽁꽁 시린 별이
바위틈에 내려와

파도에 한 겹 두 겹
뭔가 자꾸 감추려는

명치끝 아리게 오는 실루엣의 정체는 뭘까

혼자 그린 눈화장을
혼자 보고 지워야 하는

서둘러 눈발 앞에
검정 외투 걸치는 바다

인적 뚝, 끊긴 바닷가 꽃이 저만 푸르다.

물매화처럼

아홉시 문턱 넘기는
게으른 설거지처럼

손끝에 가볍게 떠는
딸아이의 성적표처럼

오선지 낮은음자리
꽃송이에 오르고

일 년쯤 품어 살아도
여태 물애기*란다.

젖꼭지 입에 문 채
옹알옹알 옹알거리다

봄볕에 등 가려운지
꼬막손이 뒤로만 가고.

---

* 물애기 : 갓난아기의 제주방언.

3

가랑비의 발소리로

_이브의 화장법
_팔월 아침
_일몰의 노래
_굿모닝 강아지풀
_수녀원 편지
_불탑사 진달래꽃
_겨울꽃
_씨줄과 날줄 사이
_노을이 지면
_읽다 만 책갈피에
_띠 동갑 분꽃에게
_개망초 피는 길에
_주행일지

이브의 화장법

검붉게 피를 삭혀
예쁜 곳만 보이려는

나처럼 자존심 강한
장미꽃이 다가와

입술에 꽃잎 얹히며
모서리를
감춘다.

아프면 절망을 향해
펑펑 막말 쏟아 붓고

그 성깔 못 이겨
립스틱이 자꾸만 짙던

퇴근길 고단한 얼굴이
손거울에
웃는다.

팔월 아침

1
설친 잠 커튼 밖에
아침꽃 기침소리

보름째 밀어올린
아열대성 수은주가

푸른빛 비키니차림
나팔꽃을 피웠다.

툭툭 털어 본다,
달빛 배인 와이셔츠

다림질 올을 따라
기를 펴는 이 아침에

'똑똑똑' 방학 딸아이
오이채 써는 소리.

2
동해물과 백두산
남산 위에 소나무까지

팔월엔 태극기 꽂고
우리 집에 함께 산다,

늦깎이 노랑할미새
독립만세 부르며.

일몰의 노래

그대의 습관처럼 반쯤 남긴 홍차 잔에
서천을 다 적시고도 가슴 쓸어내리며
한 점 섬 타오르는 몸짓 천지간을 허무네.

다가서면 다가선 만큼 그림자를 감추는
절반의 체념 앞에 등 돌려선 수목처럼
꾹 참고 반생을 보낸 앞치마가 서러워.

한바탕 울고서야 침상에 드는 바다
바위며 섬들이며 눈을 감는 수평선까지
오늘 그 붉은 용서가 백사장에 스미네.

굿모닝 강아지풀

초인종 소리에 바삐 문을 열었더니,
빨간 영자 표기 택배상자 한 손에다
키 작은 강아지풀이 아침 들고 서 있네

주스 빨대 꽂고 5 · 16커브를 돌 듯
"웨어 아 유 컴 프롬" 혀를 말아 굴려 봐도
늦깎이 콩글리시가 점선처럼 끊기고

슬픔도 배달된다는 합중국의 눈부신 아침
짝짝이 신발 신고 제주도를 찾아온
눈이 큰 필리핀 새댁이 주민증을 보인다.

수녀원 편지

하얀 그 길 따라
멈칫멈칫 떠나던 날

그 서럽던 길에
들찔레가 피었다고

이시돌 수녀원에도
눈물겹게 피었다고

타래타래 꽃문이가
마을 근처로 내려와

감자꽃 이랑마다
날개 접는 배추흰나비

유월이 돌담 너머로
미사보를 건넨단다.

밤이면 기척도 없이
별빛들이 내려오고

달뜨면 금악오름
꽃무리도 별이 된다는

낯익은 이메일 편지가
들꽃처럼 반가워.

불탑사 진달래꽃

맨발로 끌려갔을 원나라 아득한 길
공녀의 눈물을 닦던 순제舜帝의 뜻에 따라
기황후 오체투지가 원당봉에 엎디어.

나한의 정기조차 붉은 빛으로 흐르는 곳
오층석탑 정釘소리에 구름길도 멈추었을
철야로 경내를 밝힌 그 꽃들이 또 피어

부처님 오신 날에 이승빛이 하도 고와
불심처럼 산을 덮는 불탑사* 진달래꽃
동자승 이마를 씻는 손길들이 바쁘다.

---

* 불탑사 : 제주시 동쪽 원당봉에 있는 사찰.

겨울꽃

오죽 말을 아꼈으면 영하권에 꽃 피울까
칼날 바람 앞에 태우다 만 한지조각
「빈녀음」 난설헌 시구詩句가 눈꽃보다 차갑다.

슬픔이 짙어지면 햇볕에도 눈물을 짠다.
한 뼘 광목천 밖 애기무덤 둘을 두고
숙이고 말을 더듬는 수선화는 피어서,

허균 오라비가 역모 죄로 끌려간 뒤
하얗게 등골이 흰 청상의 긴 겨울밤 같은,
일어나 수繡실을 잇던 그 여인을 여기서 보네.

씨줄과 날줄 사이

낱말과 낱말 사이
끊길 듯
이어 놓는,

너와 나 슬픔이라는
씨줄과 날줄을 딛고

불면의 하늘 밖으로
청등
홍등
켜는 그대.

물구나무 서서 보면
미움이
곧
사랑이네

아득히 소실점 향해
점층법의
다리를 놓던

내 안의 거미 한 마리
긴 발톱을
거두네.

노을이 지면

내가 버린 시간들이
나를 향해
부르짖는

떨어져 나간 꽃잎
속마음도 저랬을까

노을빛 유리잔 속에
외로움이
떠
있다.

단풍 끝 붉게 타던
홍시 하나가
사라진 후

끝내 놓쳐 버린
그리움의 반대편에

밀려와 밤을 안은 바다
달덩이를
띄운다.

읽다 만 책갈피에

초특급 '나리' 그 후
미분양의 저 슬픔을

다치고 엉킨 채로
띄엄띄엄 꽃 피우던

띠동갑 쑥부쟁이가
속엣말을 뱉는다.

비바람 겪고서야
그래저래 멱살을 풀고

복개천 임시 거처에
붉은 반점 찍으며

서둘러 초야를 치르는
가을꽃이 보인다.

띠 동갑 분꽃에게

온종일 자다 깨다 해질녘에 일어나는
요즘 산다는 게 외톨이 같아 서럽다는
눈이 큰 도우미 그녀 립스틱을 바꿨네.

오십 년대 신파극 조연 역의 각본을 들고
시드는 가을입구 꽃들이랑 함께 앉아
툭 하면 꽃잎을 따서 흡연 시늉하는 그녀.

한 송이 분꽃에도 분꽃만한 그리움 있어
야간 출근부가 세월처럼 닳아진 지금
맞벌이 산 너머 산에 꽃은 다시 피어서,

까만 손바닥에 환약 몇 알 쥐어 주던
아이 셋 그 나이에도 엄마 몹시 그리워
지난 밤 노래방에서 눈물 꽃을 피웠대.

개망초 피는 길에

말소장 기록도 없는 무한 여백의 세상, 있는 듯 없는 듯 가랑비의 발소리로
붓도록 걸어온 이 길을 아이처럼 따르면서…… 마른장마 속을 낑낑대며 걸어갔을 나어린 소금장수 그 아이도 다 자란 지금 또 누가 밑창이 뚫린 생을 끌고 떠났구나.

개망초 언어에는 형용사가 따로 없다.
"굶어도 웃고 산다!"
삼행시를 주고받으며
한여름 시오리 길에
땀을 뻘뻘
흘리네.

주행일지

백색 추월선이 차창 앞으로 풀리면서 중, 저속 와이퍼 너머 안개 속으로 묻히는 길 줄줄이 포승에 묶인 채 깜박이를 켜 댄다.

숲길은 비밀투성이 주의보가 내려지고 과속감지 카메라 앞에 숨죽이는 경차처럼 무채색 파스텔 한 점 길 속으로 또 묻혀.

아픈 날 내 몫으로 한 칸 여백을 남겨 두던 길은 오늘따라 온 것만큼 또 멀어져 성판악 휴게소 간판이 이국처럼 낯설다.

숲 터널 졸참나무가 잿빛의 비옷을 벗는 긴 꼬리 비틀거리던 수악교 커브를 돌면 와! 저기 섬들을 잇는 물이랑이 눈부셔.

4

길 하나를 준비했네

_아버지의 그네
_산이 내게 오고 있다
_이삿짐을 꾸리다가
_할머니의 실꾸러미
_별처럼 전설처럼
_사월이면 아리다
_알뜨르 엉겅퀴꽃
_팽나무 운다
_안개가 걷히면서
_서귀포 이야기 1
_서귀포 이야기 2
_서귀포 이야기 3
_서귀포 이야기 4
_서귀포 이야기 5
_서귀포 이야기 6
_서귀포 이야기 7
_서귀포 이야기 8
_서귀포 이야기 9

아버지의 그네

사십여 년 펼쳐 놓은 아버지 스케치북
뚝뚝 늦 동백의 낙화송이도 선명해진
친정집 마당 한구석에 혼자 늙는 그네 있어.

어린 손녀 말소리 같은 그 마당 참새소리
꽃일까 분신일까 가지가지 기쁨이시던,
발그레 봉오리 오면 전화 자주 주시던

어젯밤도 저렸을까 심근경색 수술자국
외손자 세 송이가 오늘도 눈에 밟혀
고희의 동백가지에 그넷줄을 매신다.

산이 내게 오고 있다

조릿대 사이사이
하늘 가는 길을 간다.

오를수록 키 낮추는
시로미 열매 따라

저만치 병풍바위에
푸른 돛을 날리며

종종치는 애기구름
쉬엄쉬엄 바위 등에

산안개 전설 따라
내려오는 설문대할망

비 젖은 나한의 이마에
초록치마 덮으며

흔들리는 여심旅心 곁에
한 그루 주목朱木을 심고

가을 노루 샘에
딸아이 무등 태우던

큰 바위 왕관을 쓰고
산이 내게 오고 있다.

이삿짐을 꾸리다가

이삿짐 꾸리다가 잊고 살던 식구를 본다
까맣게 싱크대 아래 가보급 법랑냄비
아끼던 별당아씨가 눈물 참고 있었다.

네 살배기 문지방 까치발도 못 미치던,
엄마 아빠 허리춤에서 꽃처럼 배시시 웃던
십 년을 액자에 갇혀 혼자 커 온 막내야

육 개월 카드 긁고 본전 반도 찾지 못한
쌓인 시간 위에 방충 향을 풍기는
체격도 유행도 지난 체크무늬가 어제 같다

살 때만 돈이 들까, 버릴 때도 돈이 드네
노란 딱지 앞에 붙인 서랍장 깊숙한 곳
십년 전 생일 브로치 내 남편이 거기 있었네.

할머니의 실꾸러미

반닫이 깊숙한 곳 십수 년 자리 틀던
'장미표 505실' 대바늘 뜬 털모자를
억새밭 서둘러 가다 이승 줄로 놓으셨네.

풀 먹인 광목이불 살 베이는 풀잎 같던,
각시고사리 펼쳐 덮고 어젯밤도 주무셨나
상현달 쉬다간 상석엔 비듬 꽃이 한가득

실꾸러미 다 못 풀어 이 가을에 또 오셨나
한기에도 윤나던 선대물린 반짇고리
숱 성긴 참빗만으로 천수 이랑을 고르셨네.

별처럼 전설처럼

유난히 별빛 고운 내 고향 홍로마을
시월 열하루면 그 별들이 내려와
할머니 지장샘가에 열두 개 촛불을 켠다.

그때 얼굴빛 하얀 할아버지별도 내려
늦도록 대청 밝힌 당신의 10주기에
첫 손녀 울음소리*를 생시처럼 들으시고

발그레 양하순이 추녀 밑에 발을 뻗고,
다북다북 돋아나는 울 할머니 쑥물 든 사연
삼 대째 사삼의 말씀이 전설처럼 푸르러.

---

* 제주4 · 3사건 때 돌아가신 할아버지 기제삿날에 내가 태어남.

사월이면 아리다

별안간 우리 마을에 총소리가 들렸다네,
맨발로 뛰쳐나온 알녘집 우녘집[1] 삼촌
옷섶에 핏방울 같은
동백꽃이
졌다네.

"낭도 총을 맞안, 옆갈니에 총을 맞안."[2]
단발머리 나에게 바느질을 가르치시던
할머니 속적삼 깊이
흉터 다시
살아나,

한 땀이 서툰 바느질에 손 찔린 실밥처럼
까닭 없이 죄도 없이 총을 맞은 나무처럼
뭉툭한 흉터 하나가
사월이면
아리다.

---

1) 알녘집 우녘집 : '앞집, 윗집' 을 뜻하는 제주말.
2) 낭도 총을 맞안, 옆갈니에 총을 맞안 : '나무도 총을 맞았어, 옆구리에 총을 맞았어' 의 제주말.

알뜨르 엉겅퀴꽃

울음을 참아야 할 땐
꽃들도 바늘을 단다.

식은땀 새벽이슬
눈물범벅 피범벅의

삼촌의 무명저고리
조각 꿰어
맞추며,

비석 앞에 서면
아직도 눈이 따갑다

알뜨르 밭두렁에
벗어 놓은 고무신 한쪽

육십 년 꽃들의 증언이
가시보다
아프다.

팽나무 운다

1
맨발로 불빛들이 동지 문턱을 넘네
선천성 기관지 앓던 아버지 이부자리에
바람이 쉴 새도 없이 4B연필 굴리는 겨울
엑스선 카메라 앞에 무방비로 다 드러낸
구름밭 빨래를 밟던 우리 엄니 복숭아뼈가
설산에 기우뚱거리는 나무 새로 보이고

2
눈 오는 날이면 거짓 약속도 용서하리.
가지 많은 나무, 아름드리 그 표정의
시름을 밥으로 드신 우리 동네 팽나무 운다.

안개가 걷히면서

하늘 계신 할머니가 보공이불 펼치셨네
생전 손바느질 곱디곱던 이음새처럼
낯익은 오름 사이로 길이 살짝 보인다

들녘 안개가 꽃인 줄 알았나 봐
꽃타래 나붓나붓 내려앉은 나비 한 마리
무덤가 쏟아낸 말씀이 오늘따라 부시다

맘먹고 갈 길이라면 안개도 어쩌지 못해
구전으로 이어 오던 할머니의 생애처럼
올올이 한도 풀리나 내 손마저 놓으시네.

서귀포 이야기 1

서귀포,
이름만 들어도
가슴엔 파도가 치네.

바다 속 풀어헤친
상군해녀 이야기처럼

저만치 패랭이꽃이
추억처럼
피어나.

서귀포 이야기 2

"이어도
이어도 사나"
미역밭을 건너와서

열 길 물 속
저승길
절로 드는 숨비소리

만삭의 칠십 리 바다가
눈에 가득
고이네.

서귀포 이야기 3

바다에 안개가 끼면
안개꽃은
더
환했다.

소남머리 형제별이
솔가지에 잠이 들고

발 아래 어머니샘터
촛불 홀로
타던
밤.

서귀포 이야기 4

섬 속에 꽃들은
한밤에도
자맥질했다.

찰방찰방 집어등 사이
별빛
한참
놀다 간 자리

불침번 뱃고동소리가
아침 항을
깨우고.

서귀포 이야기 5

아홉 살
단발머리
첫돌배기 등에 업고

면 질빵에 가슴 묶은
60년대 기억 속에

솔동산 어린 해송이
어제처럼
푸르다.

서귀포 이야기 6

서불의
긴 여행도
이 바다를 보았을까

부러부러
손바닥 펴고
함박눈을 받고 있는

한겨울 잎사귀에도
밀감꽃이
피누나.

서귀포 이야기 7

다혈질 제주바다
이곳에선
숨을
죽이네.

메꽃인가 그리움인가
현무암 살갗에 핀

해안선 푸른 별들이
새섬 위를
밝힌다.

서귀포 이야기 8

서귀포에 핀 꽃에선
꽃술마다 파도가 친다

여태껏 입술이 푸른
더 아파라, 해녀의 바다

어젯밤 눈물 다 씻고
달개비꽃 피었다.

서귀포 이야기 9

너를 부르기 위해
길 하나를 준비했네.

섶섬 문섬 범섬까지
찔레꽃이 붉다는,

올레 길 만조가 든다
일몰 빛을 몰고서.

작품 해설

꿈꾸는 들꽃의 노래, 혹은 자아의 발견

민병도(시인)

1

주로 연극에서 사용하는 용어지만 모놀로그monologue, 즉 독백獨白이라는 말이 있다. 상대에게 들려주는 대사가 아니라 혼자만의 극劇 중 대사를 말한다. 물론 이때의 독백은 자기 자신이나 특정한 어떤 개인을 향한 것이 아니라 관객을 상대로 한 표현방법의 하나다. 관객에게 극을 이해시키는 데 필요한 정보를 제공하는 수단인 것이다.

하지만 일상생활에서도 자기 자신을 향해서나 특정 상대를 향해서 자신의 속내를 털어놓는 다소 일방적인 소통의 방식을 접할 수가 있다. 자신의 생각과 다른 대답이 부담스럽거나 생각 자체를 한데 섞고 싶지 않을 때, 혹은 상대의 대답이 가져다 줄 충격을 원하지 않을 때 주로 이러한 방법으로 자신을 보호하게 된다.

거기에는 질문과 대답이 이미 하나로 통일이 되어 있기 때문에 소통이 보다 더 원활하다. 생각하기에 따라서는 이

렇게 상대의 대답을 원천적으로 막아 버림으로써 자신의 감정을 손상당하지 않고 이루는 세상과의 화해가 더욱 손쉬운 일인지도 모른다.

가만히 생각해 보면 시를 쓰는 일 또한 독백과 크게 다르지 않다. 일방적으로 자신의 생각을 질문하고 자신이 원하는 대답만을 인정하는 것이 그렇다. 상대의 존재를 생각하지 않고 자신의 기쁨이나 안타까움을 토로하기도 하고 억울함이나 울분을 호소하기도 한다. 아니면 상대에게 자신이 원하는 대답을 강요하기도 하고 아예 대답 자체를 외면해 버리기도 한다.

또 한 가지는 그 상대를 제한하지 않는다는 점이다. 그 상대가 나무여도 좋고 구름이어도 좋다. 산이어도 관계없으며 스쳐 가는 바람이어도 무방하다. 사람이어도 좋고 사람의 마음이어도 괜찮다.

하지만 조금만 깊게 헤아려 보면 거기에도 독백과는 좀 다른 데가 있다. 상대와의 교감과 소통이 그렇다. 진정한 시 쓰기란 자신이 상대에게 일방적이어서는 안 되기 때문이다. 서로가 동등해야 하고 서로에게 사랑이 전제되지 않으면 안 된다.

시를 쓰는 일은 자신의 삶에 대한 사랑이며 그 사랑을 실천하는 훈련의 하나일 뿐이다. 시를 쓰는 마음은 좋은 시를 써서 그것을 바탕으로 무엇이 되겠다는 방편이 아니다. 단지 나에게 주어진 시간을, 그 시간이 허용하는 세상을, 나와 하나의 의미로 사랑하는 연습일 뿐이다.

그렇기에 아름다운 꽃을 아름답다고 해야 하고 아름답지

못한 꽃을 아름답지 못하다고 말해야 한다. 돌아오는 대답이 없다고 거짓말을 해서도 안 된다. 그것이 바로 자신의 몸이며 자신의 생각이며 자신의 행동이기 때문이다.

또 하나는 시를 쓰는 일은 독백에서처럼 완전히 일방적이지는 않다는 점이다. 설사 그 대상이 나무나 돌일지라도, 그리하여 그 반응이 무한히 느릴지라도 서로에게 하나로 소통되게 마련이다. 그렇게 상대에게 끊임없이 대답을 청하여 마침내 그 대답을 받아 낸다는 점에서 차별화된다.

공자도 그의 저서 『논어』에서 시를 쓰는 마음을 '거짓이 없는 마음' 즉, '사무사思無邪'라 했다. 물론 『시경』 300편의 시를 평가하는 자리에서 나온 말이지만 역설적으로 되짚으면 시에 임하는 마음자세라고 해도 틀린 말이 아니다. 따라서 시인은 자신을 사랑하는 마음으로 거짓없이 사물을 바라보아야 하고 그 대상물의 대답을 독자들에게 진솔하게 전해주어야만 한다. 아무리 독백이라 할지라도 자신만의 넋두리라면 결코 시가 될 수 없다.

2

한희정 시인의 시집 『굿모닝 강아지풀』에는 갖가지 독백들이 가득하다. 물론 대부분이 자신과 자신의 삶에 대한 사랑의 몸짓들이며 다가올 미지의 상황에 대한 극복 의지로 읽혀진다. 자신과 운명을 함께하고 있는 섬이라는 특별한 환경과 이웃에 대한 사랑이고 한계성 안에 놓인 주어진 시간에 대한 사랑이다.

더러는 육지 나들이에서 찾은 외경심이나 시간이 두고 간

안타까움이 그 대상이기도 하지만 주로 제주도의 풀꽃이거나 식물, 서귀포라는 태생지로 그 관심이 좁혀져 있다. 여기에는 제주4 · 3사건과 관련한 몇 편의 가족사 이야기나 아홉 편에 이르는 「서귀포」 연작을 제외하면 거의 대부분이 제주도의 들꽃과 맞닿아 있다.

물론 이 곳에서 나고 자란 한희정에게 제주도의 의미는 결코 육지 사람들이 동경하는 아름다운 섬이기만 한 것은 아닐 것이다. 일찍부터 자연이 금 그어둔 인간의 한계를 보아왔을 것이고 그 태생적 한계를 극복하는 지혜 또한 보아왔을 것이다. 그리고 무엇보다도 앞으로도 거기서 주어진 생명을 이어 가야 한다는 자각 앞에서 길을 찾지 않으면 안 되었을 것이다.

독백으로부터 시작되는 이 길 찾기 과정에서 그가 만난 것은 들풀과 꽃이었다. 꽃에게 인사를 하고 풀에게 말을 걸면서 세상과의 거리를 좁혀 간 것이다. 섬이라는 태생적 한계 속에서 사시사철 차가운 바닷바람과 싸워야 하는 들꽃에게서 마침내 한희정은 자신을 발견한 것이다. 어찌 보면 한희정이야말로 제주도의 너른 들판에 핀 한 떨기 들꽃인지도 모르겠다.

그것은 자신과의 화해이며 세상과의 소통이다. 그는 차단된 공간 속에 놓인 자신을 돌아보고 자신이 처한 상황을 확인함으로써 자신이 나아가야 할 방향성을 찾고자 하였다. 이제 그의 작품 속에 투영된 그를 만나 보자.

물든 담쟁이 손이 보도블록에 떨어져 있네. 줄줄이 압핀에 눌려 고통의 벽을 넘던 만년의 혈소판 같은 가을 한 잎 떨어져 있네.

맞은 편 창틀마다 소국 분盆 내건 걸 보면, 이맘 땐 빌딩조차 단풍 들고 싶은가 봐 여름내 무력증 앓던 도시 속의 사람들처럼.

뒤돌아 나부끼는 계절 끝 하얀 손들. 작별을 예감하는 단문형 메시지 따라난감한 내 심중에도 가을 한 잎 타고 있었네.

—「도시의 가을 한 잎」 전문

외형적으로 보면 계절의 변화와는 무관하게 삭막한 표정으로만 늘려져 있는 도심의 거리에서 한 치의 오차도 없이 자연에 순응하는 단풍잎을 보면서 무력하기 짝이 없는 자신을 되돌아보는 구도다. 여기서도 담쟁이와 소국이 등장한다.

시적 화자는 '줄줄이 압핀에 눌려 고통의 벽을 넘' 다가 '보도블록에 떨어' 진 담쟁이를 보면서 문득 가을이 성큼 깊어진 것을 발견하게 된다. 그러나 계절을 앓고 '무력증 앓던 도시 속의 사람' 이 자신 혼자만이 아님을 알게 된다. 마주 보이는 '창틀마다 소국' 화분을 내놓았기 때문이다..자신을 봐주는 이가 없을 땐 오히려 거울을 보거나 차라리 자기를 드러내는 것이 고독을 이기는 법이라 하지 않았던가.

하지만 이내 '작별을 예감하는' '계절 끝 하얀 손' 을 떠올리지 않으면 안 되었고 명령보다 더욱 엄숙한 '단문형 메시지' 에 이끌려 가슴으로 '가을 한 잎' 태우게 된다. 애잔한 서정이 묻어 있는 투명 수채화 같은 작품이다.

이 작품에서 물든 담쟁이나 소국 (화)분은 자신의 감정을 대신해서 차용되고 있음을 알 수 있다. 하지만 소품의 자격이었기 때문에 적극적으로 감정을 이입하거나 대체하지는 않았다. 주제가 따로 있었기 때문이다.

또 한 가지 눈여겨보아야 할 대목은 이 작품의 배행陪行 모습이다. 세 수 모두 장과 장의 구분을 없애고 한 줄로 배치하고 있다. 언뜻 보면 마치 산문 같기도 하다. 하지만 이 작품은 형식질서가 잘 지켜진 시조작품이다. 시인의 차별화된 의도를 살리기 위한 배려라고 보아진다.

그의 등단 작품에서도 역시 꽃이 등장한다. 여기에 차용되는 동백꽃 또한 견지자적 조망이나 인상이 아니라 사유의 포충망에 들어온 자신이다.

견디기 힘들어도 참는 만큼 하루가 붉다
손을 내밀수록 더 허기진 겨울 볕에
수줍게 볼을 비비며 말문을 여는 저녁.

바람, 제주바람 숨긴 칼이 더 푸르다
눈 오면 눈밭에다 오장육부 쏟으시던
아버지 겨울나기도 저 꽃처럼 붉었을까

잠이 깊을수록 우리 꿈이 생시로 오듯
아픔이 깊을수록 봉오리에 힘을 모으는
저 혼자 아껴온 불씨, 꽃 한 송이 내민다.

—「동백꽃 서설序說」 전문

독백 내지 하소연으로 시작하는 이 작품에서도 동백꽃은 단순히 지구상에 생존하는 식물의 한 종류만이 아니다. 언제 꽃이 피며 어떤 모습이며 어떻게 자라는지 하는 등의 개체의 차별성보다는 자신의 소망을 들어주는 대상이며 궁금증을 해소시켜 주는 대상이다. 물론 많은 시들이 이처럼 감정이입을 통한 대상물과의 일체화를 편리한 표현기법으로 활용하지만 한희정의 경우 눈여겨볼 점은 특히 꽃과 나무 등 식물에 주목하고 있다는 점이다.

첫 수에서 보듯이 '견디기 힘들어도 참는 만큼 하루가 붉' 은 삶의 주체는 동백꽃이지만 태생적 한계를 딛고 사는 자기 자신이기도 하다. 둘째 수에서의 '숨긴 칼이 더 푸' 른 '제주바람' 을 겪어본 사람만이 느낄 수 있고 만날 수 있는 대상이다. 제주도라는 섬이 지닌 이미지와 칼바람이 매서운 겨울, 그리고 핏빛처럼 붉은 동백꽃이 어우러져 시인의 심상을 자극한 것이다.

눈앞에 펼쳐지는 인정하지 않을 수 없는 현상에서 할 수 있는 그 다음의 조치는 무엇일까. 동질성을 찾고 동조자 내지는 조력자를 찾는 일이다. 여기서 한희정은 '아버지' 를 선택한다. '아버지 겨울나기도 저 꽃처럼 붉었을까' 라고 의문형으로 접근하고 있지만 내심은 '아마 아버지도 나처럼 꼭 같았을 거야' 라고 단정하면서 자신을 보호하고 있다.

그러나 대상물들을 자신과 동일시하고 마음의 위안을 삼는 것뿐이라면 자기방어일 뿐이지 독자에게 감동으로 다가갈 좋은 시가 되지 못할 것이다. 상황을 정확히 파악하였다면 보다 바람직한 방향으로 나아갈 수 있는 길을 모색해야 한다. 그는 셋째 수에서 그 해법을 제시한다. 지금은 비록 '잠이 깊'은 상태지만 그 잠이 끝에는 '꿈이 생시로 오'게 마련이 아닌가. 차라리 '아픔이 깊을수록 봉오리에 힘을 모'아 언젠가 있을 그 날을 위하여 '저 혼자 아껴온 불씨'를 '한 송이' 붉은 꽃으로 내놓으리라고 다짐한다. 그래서 제목도 '동백꽃'이 아니라 '동백꽃 서설'이다.

독백이 때론 적극적인 자기방어의 수단이며 자기발견의 방법이라는 것을 보여 주는 또 한 편의 시를 보자.

그땐 벼랑길도
함께 갈 수 있다 그랬지

비구니 승방 앞뜰에
화두처럼
다가온
너

잎 두고 저만 피어서
어떡하잔
말이냐.

—「상사화」 전문

짧은 형식의 여러 작품 가운데 한 편이지만 상사화를 표현하고자 하면서도 꽃 모양이 어떻다거나 색채가 어떻다거나 하는 어떠한 설명도 없다. 단지 꽃이 나타내는 표현으로

볼 수 있는 부분은 '화두처럼 / 다가온 / 너' 와 '잎만 두고 저만 피어' 난 형상화가 전부다. 꽃의 모습을 고스란히 전해야겠다는 의도가 아니라는 뜻이다.

그렇다면 여기서 그가 나타내고자 한 속내는 무엇일까. 아마도 그것은 자아의 발견이 아닐까 생각된다. '그땐 벼랑길도 / 함께 갈 수 있다 그랬지' 라는 독백으로 시작하여 '비구니 승방 앞뜰에 / 화두처럼 / 다가온 너' 로 지칭되는 자신과의 만남이다.

물론 여기서의 자아 내지 자신은 실체적 자아가 아닐 수 있다. 시적 상상 속의 자아, 즉 현실적으로 자기의 의식체제를 장악하고 있는 가상적 자아일 수도 있다. 그러므로 시 속에서는 실체적 체험과 간접적 체험에 차이를 둘 필요가 없다.

끝내 명확한 해답을 찾지 못하고 '잎 두고 저만 피어서/ 어떡하잔/ 말이냐' 라는 종장의 안타까움과는 달리 이 작품의 핵심은 중장에 있다. 결코 같은 생각으로 하나가 되지 못한 자아의 모습이 너무도 확연하게 그려져 있다. '비구니 승방 앞뜰에' 피어 있다는 상황만으로도 만감이 교차하는데 '화두처럼/ 다가' 와 있다면 얼마나 그 세월이 깊고 무거웠겠는가.

화두란 본래 절대적으로 풀어질 해답이 없다. 다만 자아의 내면을 들여다볼 수 있는 보다 적극적인 구속의 한 방법이다. 시적 화자는 지금 세속적인 언약이나 습속을 버리고 '화두' 로 돌아온 '너' 라는 자신을 숙명적으로 바라보고 있다. 이 '너' 라는 음절 하나를 굳이 독립시킨 것도 이런 맥락으로 보아야 할 것이다.

3

한 편의 좋은 시가 지닌 효능은 어떤 것일까. 그것은 아마도 참기 힘든 신경통을 치유하는 침과 같은 것이며 오랜 체증을 풀어 주는 소화제 같은 것이리라. 결국은 시인의 자기만족이나 자기발견, 또는 진단만으로는 부족하다는 이야기가 된다. 그러자면 결국은 자기를 넘어서야 하고 시대적 소명召命에 부응하는 역할이 전제된 성찰이 뒤따라야 한다. 그러기 위해서는 자기 주관이 서야 하고 나름대로의 철학이 있어야 할 것이다.

그러한 주관과 철학을 확보하기 위해 보다 깊이 자신을 응시하고 차별화된 생각을 도출해 내기 위해 오랜 사유 속에 젖기도 한다. 자신을 긴장시키지 않고 깊은 사유에 들기가 어렵다고 본다면 시인은 언제나 긴장을 놓치지 않고 자신과 대립해야 한다. 어떤 절실함을 지니지 못하면 결코 오래 지속하기 어려운 일이다. 그리고 그 절실함에도 객관적이고 구체적인 근거가 필요하다. 독자들이 겪은 체험 속에서 공감할 수 있어야 진정성을 인정받을 수 있기 때문이다.

이번 시집에서 읽은 한희정의 시가 모두 독백이나 자기발견으로만 일관하고 있다면 신인이 낸 여느 시집과 별로 다를 바가 없을 것이다. 그러나 그의 시 작업을 주목하는 까닭은 그의 많은 시편들에서 시대적 소명이나 역할에 따른 간절함이나 절실함이 묻어 있고 나름대로 그 절실함의 근거를 제시하고자 노력한다는 점이다.

초인종 소리에 바삐 문을 열었더니,
빨간 영자 표기 택배상자 한 손에다
키 작은 강아지풀이 아침 들고 서 있네

주스 빨대 꽂고 5 · 16커브를 돌 듯
"웨어 아 유 컴 프롬" 혀를 말아 굴려 봐도
늦깎이 콩글리시가 점선처럼 끊기고

슬픔도 배달된다는 합중국의 눈부신 아침
짝짝이 신발 신고 제주도를 찾아온
눈이 큰 필리핀 새댁이 주민증을 보인다.

—「굿모닝 강아지풀」 전문

이번 시집의 표제로 쓰인 「굿모닝 강아지풀」 전문인데 같은 식물이름을 제목으로 선택하였음에도 앞에서 읽은 시들과는 판이하다. 시대상이 반영되고 있기 때문이다. 말하자면 강아지풀은 빌려 쓴 상징인 것이다. 그것도 아주 흔하게 만날 수 있는 평범한 들풀에다 지금 우리 농촌이 겪고 있는 시대적 아픔을 겹쳐 놓았다.

시적 동기는 소위 다문화 가정으로 표현되는 필리핀 새댁이 택배상자를 들고 와 뭔가 도움을 청해 왔는데 서로의 의사소통이 제대로 이루어지지 않았다는 데서 비롯된다. 농경문화의 쇠퇴와 맞물린 서구문물의 유입에 따른 우리의 전통과 가치관의 혼돈 속에서 살아온 시인 앞에 제주도에까지 시집와서 영어로 말하는 필리핀 새댁은 분명 낯선 모습이다. 하지만 이미 주민등록증까지 받았다고 자랑하는 모습에서 일말의 연민 같은 정서를 느끼게 된다. 그리고 그것은 이 땅의 시인이 짚어내지 않으면 안 되는 현실적 아픔으로 다가온다.

그래서 제목마저도 「굿모닝 강아지풀」로 하였다. 이제 흔하게 접할 수 있게 된 강아지풀과 같은 존재이면서도 이 땅에 정착하기까지는 아직도 많은 시간이 필요한 외국어를 사용하는 우리의 이웃이기 때문이다.

어찌 보면 시각적으로도 선명해 보이는 구도이면서도 비약과 함축의 폭이 넓어 이 작품을 제대로 이해하기 위해서는 적잖은 인내와 다양한 유추가 필요하다. 둘째 수에서 절실함의 근거를 제시하고자 독자적 공감대를 자극하였음에도 낯설게 느껴지는 것은 시인의 의도만큼 완결하지 못하다고 보여질 수도 있겠으나 신인이기에 가능한 의지의 표현으로 여겨진다. 그것은 굳이 이 작품제목을 이번 시집의 표제로 쓴 것만 보더라도 짐작할 수가 있다.

제주도의 시인이라면 누구나 한두 편쯤의 '4 · 3'의 시들을 지니고 있을 것이다. 그만큼 제주도의 현대사를 말할 때 빼놓지 못할 중요한 사건이다. 그리고 누구라도 직간접으로 영향을 받지 않은 사람 또한 없다. 그것은 한희정에게도 예외는 아니다.

> 별안간 우리 마을에 총소리가 들렸다네,
> 맨발로 뛰쳐나온 알녘집 우녘집 삼촌
> 옷섶에 핏방울 같은

동백꽃이
졌다네.

"낭도 총을 맞안, 옆갈니에 총을 맞안."
단발머리 나에게 바느질을 가르치시던
할머니 속적삼 깊이
흉터 다시
살아나,

한 땀이 서툰 바느질에 손 찔린 실밥처럼
까닭 없이 죄도 없이 총을 맞은 나무처럼
뭉툭한 흉터 하나가
사월이면
아리다.

—「사월이면 아리다」 전문

할머니가 들려주는 이야기를 빌어서라도 한번쯤은 가슴 깊이 안아 보는 이유는 아마도 살아 있는 제주도민이라면 누구나 지니고 있는 속죄의 마음일 것이다. '나무도 옆구리에 총을 맞았'으니 사람이야 오죽하랴. 할머니는 원통하게 잃은 삼촌의 가슴에서 쏟아지던 동백꽃 같던 붉은 피를 잊을 수가 없다. 시적 화자가 단발머리 시절까지만 해도 할머니는 살아서 그 아픔을 바느질처럼 꿰매어 이어주었으나 직접 겪지도 않은 아픔이 '뭉툭한 흉터'로 남아 '사월이면 / 아리'게 하는 것이다.

이밖에도 「할머니의 실꾸러미」,「알뜨르 엉겅퀴꽃」 등 제주4 · 3사건을 노래한 여러 편의 애절한 시편들이 제주의 아픔을 돌아보게 하고 있다.

지극히 식물성의 감성을 지녔음에도 그러나 한희정의 시편들에는 이처럼 현실을 직시하고 비판과 고발성 짙은 언어들을 선택하는 예가 빈번하다. 그의 시정신이 지향하는 방향이 어디인가를 가늠하게 하는 대목이다. 그 뿐만이 아니다. 「입춘녘 새댁의 창에」가 보여 주는 서정미 짙은 언어감각, 「일몰의 노래」가 획득한 완성미, 「씨줄과 날줄 사이」에서 보이는 사색의 깊이, 「개망초 피는 길에」, 「주행일지」에서 추구하는 배행의 변화 등 주목할 만한 요소들이 군데군데 갖추어져 있다.

지금까지 한희정의 첫 시집 『굿모닝 강아지풀』을 한 사람의 애독자로서 읽어 보았다. 거기에는 갖가지 모습을 한 제주도의 풀꽃들이 가득하고 아직 덜 아문 제주도의 상흔이 군데군데 남아 있었다. 시조라는 민족시 특유의 율격 너머로 섬세한 여성적 향취가 스며 있는가 하면 발상을 전환하게 하는 톤이 굵은 카리스마가 자리하기도 한다. 정형시의 질서를 엄격하게 지키되 새로운 소재를 흡수하고 행간의 다양한 변화를 꾀하여 새로움에 대한 시도도 놓치지 않았다. 한 마디로 제주도의 정신이 자연색 그대로 묻어 있어 읽는 이로 하여금 설렘을 자아내게 한다.

'제주도' 하면 먼저 4면의 드넓은 바다와 우뚝 솟은 한라산, 그리고 노란 유채밭이 떠오른다. 늘상 많은 이들의 그리움 한가운데에 놓여 있다. 하지만 한희정의 제주도에는 그

런 외양 말고도 더러는 아픔으로, 더러는 원망으로 남아 있는 모습들이 적지 않다. 제주도에서 나고 제주도에서 살아가는 사람만이 느끼는 독자적인 삶의 방정식이 있기 때문일 것이다.

그 한가운데 그가 체험적 실체로서 존재하고 나름대로 계측한 수치를 이번 시집에 담고 있다. 자아를 찾기 위한 들풀과의 만남으로부터 아픈 기억에 대한 정리, 그리고 변함 없이 살아가야 할 고향 서귀포에 대한 그의 생각은 지극히 올바르고 건전하다.

일부이긴 하지만 지나치게 안이한 자세로 작품을 발표하는 태도를 두고 '시조가 시조를 벼랑으로 몰아내고 있다'는 표현으로 우려를 하고 있지만 한희정의 창작태도는 분명 바람직한 모습이다. 당연히 건전한 생각에서 나오는 자아의 발견과 새로운 길에 대한 방향설정은 앞으로의 작업을 신뢰해도 좋을 것이다.

이제 한 권의 시집을 상재함으로써 그도 어엿이 문패가 달린 집의 소유자가 되었다. 이제부터는 신인다운 패기와 작품에 임하는 치열성이 시 작업의 성패를 좌우할 것이다. 또한 힘들여 찾아낸 삶의 해법들을 많은 독자들과 공유하자면 보편적 가치와 공감대의 확산이라는 쪽으로도 안목을 넓힐 필요가 있을 것이다.

끝으로 한희정의 시적 상상력과 삶의 극복 의지를 잉태시켜 준 고향 서귀포를 애정과 연민과 사랑으로 노래한 연작 가운데 해녀들의 고달픈 삶을 형상화한 「서귀포 이야기 2」를 읽으며 글을 맺는다.

"이어도
이어도 사나"
미역밭을 건너와서

열 길 물 속
저승길
절로 드는 숨비소리

만삭의 칠십 리 바다가
눈에 가득
고이네.

—「서귀포 이야기 2」 전문

굿모닝 강아지풀

지은이 · 한희정
펴낸이 · 유재영
펴낸곳 · 동학사

1판 1쇄 · 2009년 8월 30일
출판등록 · 1987년 11월 27일 제10-149

주소 · 121-884 서울 마포구 합정동 359-19
전화 · 324-6130, 324-6131 | 팩스 · 324-6135
E-메일 | dhak1@paran.com
dhsbook@hanmail.net
홈페이지 | www.donghaksa.co.kr
www.green-home.co.kr

ISBN 978-89-7190-277-6 03810

* 이 책은 제작비의 일부를 제주문예진흥기금에서 지원을 받았습니다.